KB052240

엄마/
가
르
치
이기

엄마 길들이기

초판 발행 2022년 2월 11일
2쇄 발행 2023년 3월 31일
지은이 박진희, 윤상훈
펴낸이 박찬익

펴낸곳 패러다임북   **주소** 경기도 하남시 조정대로45 미사센텀비즈 8층 F827호
전화 031)792-1195   **팩스** 02)928-4683   **홈페이지** www.pjbook.com
이메일 pijbook@naver.com   **등록** 2014년 8월 22일 제305-2014-000028호
ISBN 979-11-971230-8-5 (03370)
* 책값은 뒤표지에 있습니다.

아이와 함께 배우는 세상이야기

엄마들이기

박진희·윤상훈 지음

패러다임북

프롤로그

아이와 함께 성장한다는 것.

단 한 번도 경험하지 못한 길 위에서 생각지 못한 희노애락을 느끼며 보다 행복한 길을 찾아가는 현명함이 소중한 인생의 배움입니다.

아이와 함께 걸어온 20년의 길을 소환하며 또 다른 새로운 길을 각자 바르게 소중하게 걸어가고자 합니다.

일찍이 서로의 길을 응원하며 어른스러워진 오빠 같은 큰아들이 스물이 되면 꼭 함께 이루고 싶었던 버킷 리스트!

부족하지만 아이를 키우는 부모님들께서 잠시라도 아이로 인해 울고 웃었던 행복한 추억을 회상해 보는 시간이 되면 좋겠습니다.

아이의 성장만큼 부모도 성장하고 서로를 보며 배우는 세월의 흐름과 행복이 나의 마음에 있습니다.

같은 것을 보면서 웃는 사람이 되는 사고의 전환!!
내가 어떻게 생각하느냐에 따라 더 즐거울 수도 더 행복할 수도 있는 것이 인생이 아닐까 합니다.

이 책을 준비하면서 혼자 울다가 웃다가...
세상에 태어나 아이를 낳고 함께 성장하는 큰 행복을 느낄 수 있어 참 좋았습니다.

엄마도 처음이고 아이도 처음이라 실수도 후회도 있습니다.
인생을 살다보면 생각지도 못한 상황들을 마주할 때가 많습니다.
살면서 계획과 다른 돌발 상황이 생길 때도 긍정적인 생각으로

나 자신을 믿고 가족을 믿고 현명하게 용기 내어 또 다른 새로움과
희망을 알아가며 살아가면 좋겠습니다.

박진희 엄마의 중년과 성인으로서의 윤상훈의 새로운 길..
세상이 준 교훈을 바탕으로 올바른 행복을 빌며 살아가겠습니다.

대한민국의 부모님!!!! 당신을 응원합니다.
얘들아~ 너희들이 있어 행복하다. 사랑한다~

2부
엄마 길들이기

–

아이와 소통하며 배우는 세상이야기

1부
엄마의 세상 길들이기

-

새로운 세상과 소통하는 이야기

결혼하기 전의 삶

어릴 적부터 무용을 시작하여 고등학교 때에는 하남과 서울을 오가며 고등학교와 학원을 전전하다 대학에 들어갔습니다. 여느 예체능을 준비하는 학생과 같이 공부보다는 실기에 집중했기 때문에 공부는 그저 그랬습니다. 그것이 후에 늦은 나이까지 학구열을 불타게 하여 박사학위 과정 중에 영어필수시험을 2번이나 떨어지는 결과로 이어져 일찍이 공부 좀 할걸 하는 후회도 있었습니다. 하지만 아들에게 떳떳하게 고백하며 나중에는 당당히 영어시험과 종합시험을 통과했습니다.

흔히 부모님들은 '교복 입을 때가 좋을 때다. 공부만 할 때가 좋은 거다. 공부 열심히 해라 후회하지 말고...' 란 말을 하곤 합니다. 그 말을 뼈저리게 느끼며 40 중반까지 공부를 하게 되었습니다. '그때 엄마 말 들을 걸...'

나는 쉰둥이로 태어났습니다. 아버지의 나이가 50세 일 때, 오빠가 3명, 언니가 2명인 6남매의 막내로 태어 났습니다. 그러다보니 오빠들이 고등학생일 때 나는 유치원을 다녔고, 내가 고등학생이 되었을 때는 오빠 와 언니들이 결혼을 하였습니다. 그러다보니 우리 집 에서는 내가 보물이고 보물단지였습니다. 애지중지란 표현은 우리 집에서의 나에게 딱 맞는 표현이었습니 다. 어릴 적부터 부족함이 없이, 하고 싶은 것을 모두 다하면서 자랐던 기억이 아직도 새록새록 납니다. 다 만 부모님의 기대치가 너무 크고 나로 인해 살아가고 있다는 어머니의 말들이 그땐 부담스럽고 듣기 싫었습 니다.

어릴 적부터 무용을 해서 그런지, 무용만이 내 세상이었고 무용을 무조건 잘 하고 싶었습니다. 다른 것은 생각할 수도 없었습니다. 내 꿈은 박진희 학교를 세워 힘들고 어려운 학생들과 소통하면서 올바른 성장을 돕는 것입니다. 물론 그 학교는 무용을 전문적으로 가르치는 학교입니다. 현재 비슷한 개념을 가진 학교가 일종의 대안학교입니다. 아직도 그런 꿈을 소중하게 간직하고 한 발짝씩 전진하며 준비하고 있습니다. 물론 현재는 다른 일을 하고 있지만 말입니다.

대학에 들어가서는 우연찮게 입시생들의 무용레슨을 하게 되었습니다. 지금 생각해 보아도, 내가 무용을 꽤나 열심히 했다고 생각합니다. 대학교 수업을 마친 후에는 학원에서 아이들에게 무용을 가르쳤습니다. 많은 학생들이 나와 함께 무용의 꿈을 꾸었습니다. 학생들의 입시를 위해 혹은 학생들의 꿈을 위해 내가 할 수 있는 최선을 다해 아이들을 가르쳤습니다. 내 인생의 최고는 내가 무용 공연을 하든, 입시반 학생들을 가르치든 무용이었습니다. 무용과 관련된 사람들을 만나고, 무용에 대한 컨셉을 고민하고, 국내외 공연을 다니고, 그리고 아이들을 가르치면서 살아있음을 느끼고 행복했습니다.

아, 결혼, 그것은 아득히 먼 이야기였습니다. 아직 20대였으니까요. 그렇다고 결혼에 대한 생각을 아예 안 한 것은 아니었습니다. 다만, 현재의 내 삶에 충실하고자 했을 뿐이었습니다. 그러다보니 연애에 크게 신경이을 쓰지 않았고, 누군가 이런 내 모습을 보면 독한 사람이라고 욕할 정도로 바쁘게 살았습니다.

상훈이의 생각

엄마의 젊었을 때 얘기를 처음 들어본 거여서 신기했고 하나하나 알아가는 기분이었다.

박진희 엄마의 젊은 시절의 공연 후 모습

박진희 엄마의 공연 후 출연자들과 함께

후광이 비치는 사람을 만나다

초등학교에서부터 무용을 시작하여 대학에 들어갔습니다. 내성적이고 수줍어하는 성격의 나는 무용을 하면서 나의 또 다른 성향을 알게 되었고 마냥 무용이 좋았습니다.

사람마다 적성이란 것이 있나 봅니다. 다른 것들에는 흥미가 없던 내가 무용이란 기회로 진로를 일찍 정하게 되었고 목표를 위해 즐겁게 열심히 도전 할 수 있었습니다.

'공부를 그렇게 했으면...' 하는 것이 부모님의 바람이셨다고 합니다.

그렇게 춤이 마냥 좋아서 삶의 의미가 되었고 일찍 진로를 정한 탓에 어린나이에 입시학원 교육을 시작하며 아이들을 지도하게 되었습니다.

그러던 어느날 친한 학부모의 권유로 입시반 레슨을 하게 되었습니다. 결과적으로 두 명 모두 대학 입시에 합격하였습니다.

그 후 운이 좋게도 지역에서 레슨을 받으려는 학생들의 문의로 다른 사람보다 일찍 삶의 현장에 뛰어들어 사회생활과 학교생활을 하게 되었습니다. 다른 친구들처럼 대학생활을 만끽할 시간도 없이 대학 수업이 끝나자마자 학원으로 달려가 아이들을 가르쳐야 했습니다. 그냥 재미있었고, 그렇게 살아야 한다고 생각했습니다. 그리고 그것이 내 꿈을 위한 진일보라고 생각했습니다.

꿈과 일을 쫓아 살다가 혹은 쫓겨 살다가 우연찮게 결혼이란 생각을 하게 된 계기가 있었습니다. 어느 날 무용학원의 학부모께서 좋은 사람이 있으니 만나보기만 하라고 채근하였습니다. 나만의 삶의 재미를 느껴

가며 살아가고 있는데, 갑자기 누구를 만나보라는 말에 조금 당황스러웠지만 학부모의 소개를 무시하지 못했습니다. 결국 의지와 상관없이 예의상 한번 보고 와야겠다는 생각으로 영혼 없이 소개를 받게 되었고 물론 잘 마무리 되었습니다... 그런데 이게 웬일!! 그 아저씨를 3년 뒤에 우연히 다시 만나게 되었습니다.

사람 뒤에 비치는 후광을 본 건 처음이었습니다. 물론 지금까지도 후광이 비치는 사람을 만나본 적은 없었습니다. 인연이란 게 이런 건가 싶은 마음으로 결혼을 결심하게 되던 시기에 친정아버지가 간암 말기라는 하늘이 무너지는 소식을 듣게 되었습니다. 아버지의 빈자리를 채우라고 신랑을 연결해 주신건가란 생각에 결혼을 더 서두르게 되었고, 더 행복하게 살아야지란 다짐을 하게 되었습니다. 하지만 결혼은 현실이었습니다. 다름을 인정하고 서로에게 맞추는 시기가 어느 부부에게나 있듯 우리 부부도 우여곡절 끝에 서로 다름을 인정하는 진정한 부부가 되었습니다.

엄마의 입장에서 봤을 때 너무 공감되는 내용이었다.

상훈이의 생각

박진희 엄마의 어릴적 사진

박진희 엄마의 어릴적 무용 공연 후 부모님과 찍은 사진

박진희 엄마의 어릴적 무용 공연의 모습

박진희 엄마의 젊은 시절의 모습, 친구들과 함께

결혼이란 상황에 몰리다

어느 날 아버지가 많이 아팠습니다. 형제들은 모두
아버지의 병에 대해 알고 있었습니다. 영원히 건강하게
내 옆에서 최고의 우군이 되어주고 든든한 우산이 되어
줄 줄 알았던 아버지가 간암 말기라니 암담했습니다.
몇 달을 못 넘긴다는 병원의 진단 결과도 들었습니다.

그 당시 아버지는 자신의 병이 무엇인지 몰랐던 것
같았습니다. 그런데 지금 생각해 보면 대충은 알고 있
지 않았을까 라는 생각도 듭니다. 아무튼 그런 병인줄
모르던 아버지가 갑자기 오빠와 언니들을 한 자리에

불러놓고 "내가 없어도 막내는 너희들이 잘 키워야 한다."라고 신신당부를 하는 모습에 마음이 많이 아팠습니다. 아침이면 출근하는 내 신발을 예쁘게 정성스레 닦아 놓으시던 모습이 아직도 눈에 선합니다.

지금까지 아버지에게 받기만하고 정작 내가 아버지께 해드린 것이 없다는 생각이 드니, 아버지께 무엇인가 꼭 해주고 싶었고, 그것이 결혼이라고 생각했었습니다. 이때 내 나이가 27살이었습니다. 내가 결혼을 해야 아버지께서도 더 이상 걱정하지 않으시겠지라는 생각이 들었습니다.

그래서 다시 선을 보았습니다. 그냥 만나서 괜찮으면 결혼을 해야지 하는 생각을 하면서 아는 언니의 소개를 받았습니다. 그런데 내 앞에 나타난 남자가 4년 전에 선을 보았던 그 남자였습니다. 내가 마음을 달리 먹어서일까요? 그 남자의 뒤의 후광이 어찌나 빛나는지... 4년 전에는 그냥 아저씨였는데...

그 남자는 4년 전에 만났을 때보다는 더 적극적이었습니다. 일단 나의 제자들과 먼저 친해지고 나에 대해

서로 이야기하고 교류하면서 내가 하는 일에 대한 서포트를 부탁할 정도였습니다. 그래서 난 3개월 만에 결혼을 했습니다.

그런데 나중에 알고 보니, 지금의 신랑도 처음에는 나이 차이가 있어서 부담스러웠다고 고백하였습니다. 2번째 맞선을 보고 난 뒤에 우연히 아버지를 만났는데, 아버지가 신랑에게 무릎을 꿇고 우리 딸 잘 부탁한다고 부탁을 했다는 후일담도 나중에 알게 되었습니다. 자신이 잘 못해준 것이 있다면, 자네가 좀 더 해주었으면 좋겠다고 말씀을 덧붙이면서 신랑에게 약속을 받아놓으셨다고 하였습니다. 그래서 그런지 신랑은 아버지와의 약속을 결혼 후에도 지키며 살았습니다. 나를 잘 키워야 한다는 생각이 들었다고 우스갯소리를 했습니다.

아무튼 아버지는 나의 결혼식을 기다리면서 근근이 버티시지 않았을까 생각합니다. 나에게 결혼은 사랑하는 사람을 만나 행복한 장밋빛 인생을 설계하고 그 과정 중에 결혼이란 것을 해야겠다는 것보다는 아버지를 위해, 아버지가 걱정하지 않게 하기 위해 하는 것이었습니다.

그렇게 결혼을 결심하니, 내가 미처 결혼식 준비를 할 새도 없이 올케언니와 학부모들이 모두 준비를 해주었습니다. 결혼식에서는 아버지의 병환이 너무 심해 신부 입장에서 아버지의 손을 잡고 함께 입장하지 못했습니다. 결국 아버지는 결혼식이 끝난 후 얼마 지나지 않아 돌아가셨습니다.

지금 생각하면 당시 신랑이 철없던 나와 아버지에 대한 약속으로 인해 부담이 되었을 것 같아 너무 미안합니다.

상훈이의 생각

엄마한테 결혼은 무슨 의미였을까를 생각해볼 수 있었다. 외할아버지한테 엄마는 무슨 의미였을까를 아빠와의 이야기를 통해 알 수 있었다.

서로 친구처럼 의지하며 지낸 한 살 차이 쌍둥이 조카

박진희 엄마의 결혼식, 아버지와 함께

박진희 엄마의 결혼식, 어머니와 함께

갑자기 아이가 생기다

　결혼 후 새로운 사람과 같이 사는 삶의 패턴에 적응하기도 힘들었는데, 갑자기 아이가 생겼습니다. 기절초풍할 일이었습니다. 신랑과는 삶의 태도와 습관이 많이 달랐고, 결혼에 대한 깊은 생각도 없이 단지 아버지를 위해 내가 할 수 있는 일이라고 생각하며 했던 결혼이었습니다. 그런데 '아이가 생겼다? 어떻게 할까, 어떻게 해야 되지?' 다른 사람들은 아이가 생기면 다들 기뻐하는데, 솔직히 나는 맨붕 그 자체였습니다.

　혼란스러웠던 것 중에 한 가지를 예를 들면, 나는 일과 성격상 남사친이 많았습니다. 결혼하고 신랑은 남사친을 만나지 말라고 했지만 이해가 되지 않았습니다. '왜 결혼했다고 남사친을 만나지 말아야 하는가.' 그런데 시간이 지나고 보니 어느새 남사친과 신랑은 서로 많이 친해져 있었습니다. 오히려 나를 빼고 만나 내 뒷담화?를 하기도 했습니다.

이런 상황이었으니 결혼 후에도 어떻게 살아야 할지, 아이는 몇 명을, 어느 시기에 낳을지 등등의 결혼 후 삶에 대한 계획이나 자녀계획을 세우지 못했습니다. 그렇다고 삶에 대한 계획이 아주 없었던 것은 아니었습니다. 무용학원에 대한 계획이나 그동안 살았던 삶에 대한 일종의 외향적인 계획은 있었습니다. 그렇지만 결혼 후 생긴 가정은 그냥 또 하나의 보금자리로 생각하였습니다. 드라마에서 흔히 볼 수 있는 것과 같은 결혼 후의 자녀 계획과 자녀 교육에 대한 계획은 없었습니다. 오직 내 자신의 일에 대한 계획만 있었다고 보는 것이 맞을 듯 합니다.

아버지 49재날, 나는 헛구역질을 하고 나서야 아이가 생긴 것을 알았습니다. 당혹스러웠고, 신기했고, 감사했습니다. 그러나 결혼 생활에 적응하는 부분이나, 아버지께서 돌아가신지 얼마 되지 않은 시점 등등의 여타의 문제가 아이가 생겼다는 기쁨보다 더 신경이 쓰였습니다. 어쨌든 준비하지 못한 상황에 귀한 손님이 찾아온 것이었습니다.

하지만 산부인과에서 쿵쿵쿵 아이의 심장소리를 들으면서 아이에 대한 미안한 마음과 뱃속에서 전해지는 생명의 신비로움을 느끼며 잘 키워야겠다는 다짐을 했습니다.

이 아이는 아버지가 주신 선물이라는 생각이 들었고 '지금부터 내가 조금은 더 어른스럽게 살아야겠구나, 신랑에 대해서도 어떻게 대해야 하고, 신랑과 어떻게 살아야겠구나, 그리고 그동안 해온 일들은 어떻게 해야겠구나' 하는 생각을 다시 하게 되었습니다. 그래도 가장 큰 고민은 무용학원의 입시생들이었습니다. '이 친구들을 어떻게 해야 하나, 다른 사람에게 맡겨야 하나, 아니면 힘들어도 내가 끝까지 챙겨야 하나' 고민이 되었습니다. 결국 '나는 입시가 끝나고 출산했으면' 하는 간절한 바람을 가지게 되었습니다.

지금 되돌아보면 결혼 후의 삶에 대해 진지하게 고민하게 된 시점이라는 생각이 듭니다.

또 하나의 고민은 임신 기간 동안에 엄마로서의 해야 할 일들에 대한 고민이었습니다. 여기 저기 물어보기도 하고 알아보기도 하면서, 퀼트나 수, 뜨개질과 같은 임신 기간에 하면 아이에게 좋을 취미 생활을 하게 되었습니다. 그리고 하나 더, 사회복지와 보육교사 자격증 공부를 했습니다. 공연을 하면서 해외도 많이 다녔지만, 공연만 하고 바로 돌아오다 보니 주변을 돌아볼 여유가 없었습니다. 공연을 하고 잠시 여행을 할 수 있는 시간이 있었지만 뭐에 바빴는지 공연 끝나자마자 정신없이 돌아오곤 했습니다.

아무튼 임신 기간 동안은 지난 생활을 돌아보기도 하며 출산 준비를 하였습니다. 그러한 준비가 다른 임신한 엄마들과 별반 차이가 없었다고 생각합니다. 예를들어 임신부들이 하는 체조를 정기적으로 하러다니고, 정서적으로 도움이 된다고 하는 뜨개질, 수, 퀼트를 하고, 여기 저기 찾아서 임신에 대한 공부도 했습니다. 다만 다른 것이 있다면 새로운 미래를 위해 나만의 공부를 하고 싶었고, 그것이 사회복지와 보육교사 자격증 공부였습니다.

지금 생각해보니, 어머니와 가장 많은 시간을 보낸 것도 임신기간이었던 것 같습니다. 배가 부르니, 오래 앉아있는 것도 힘들어 내가 시작한 뜨개질을 결국 어머니가 마무리했습니다. 하루는 어머니도 힘들다고 자꾸 이런 거 가져오지 말라고 이야기하신 적도 있었습니다. 그러다보니 자연스럽게 혼자 할 수 있는 것을 선택하게 되었습니다. 그것이 사회복지와 보육교사 자격증 공부였습니다. 사회복지와 교육복지 교육과정은 인터넷 강의를 토대로 공부했고 출산 후에 실습을 하면서 과정을 마쳤습니다.

어릴 적에는 무용에만 집중하였는데, 공부를 하다

보니 공부와 무용을 접목 시키는 여유가 생겼습니다. 아무래도 어릴 적부터 한 가지 일에만 집중하다보니 생각하는 것도 그 일에만 고정되고, 어찌보면 편협한 생각을 가지게 되었는데, 공부를 하다보니 이제는 다른 곳을 볼 수 있는 여유가 생겼습니다. 다르게 말하면 내가 어릴 적부터 해온 무용이 삶의 전부였을때는 무용에서 내가 중심인 것만 같았는데, 이제는 무용에서도 다른 무용수가 있어야만 내가 더 돋보이고 나 역시도 다른 사람에게 그런 역할을 하기도 했다는 생각이 들었습니다. 아무튼 사회복지와 보육교사를 공부하다보니 사회복지와 무용, 보육과 무용에 대한 일들을 접목시키게 됐습니다.

가장 중요한 것은 생각의 폭이 더 넓혀졌다는 것입니다. 아이를 가지면서 내가 보았던 세상이 다는 아니라는 것을 알게 되고, 다른 세상이 보이기 시작했습니다. 그렇게 시작한 사회복지와 보육교사 공부를 마치는 데 2년이 걸렸습니다. 그런데 참 신기하게도 그 2년 사이에 첫째 아이와 둘째 아이를 모두 낳았습니다.

상훈이의 생각

요즘 들어 느끼지만 아빠가 진짜 대단한 사람이라고 느껴진다. 이 시기에 나는 엄마에게 큰 책임이자 짐이 였지 않았을까 하는 생각이 들었다

지도하는 제자들의 공연 현장

임신기간 동안에도 워커홀릭!!

　큰 아이를 갖고 나름 공부도 하고 태교를 하기도 했지만, 기존에 했던 무용과 무용 수업을 줄이지는 못했습니다. 출산 6개월 전까지 공연을 했으니까요. 산부인과 검진을 받았는데, 의사 선생님이 아이 머리는 계속 크는데, 팔다리가 안 자란다고 했습니다. 이것 저것 검사를 해보니, "양수과소증"이었습니다. 아기집에 있는 양수가 세는 증상인데, 이것은 아이에게 치명적인 영향을 미치는 것이었습니다. 결국 아이가 장애를 안고 태어날 수도 있고, 죽을 수도 있다고 빨리 수술해야 한다고 하였습니다. 그것도 큰 병원으로 가서 수술을 하라고 하였습니다.

아산병원에 가서 입원을 하였는데, 아이가 장애를 안고 태어날 수도 있고, 죽을 수도 있다는데, 난 병원 밥이 왜 그렇게 맛있었는지... 결국 각 전문분야 의사 선생님이 모두 모여 만일의 사태를 대비하며 수술을 받았습니다. 다행스럽게도 아이는 2.2kg으로 건강하게 태어났고, 인큐베이터에도 들어가지 않았습니다. 몸무게만 적게 태어났을 뿐이었습니다. 정말 감사했습니다. 태어난 아이는 너무 작아서 한 손으로 안을 수 있을 정도였습니다. 그냥 인형 같았습니다. 아이가 건강하게 태어난 것도 신기했고, 너무나도 행복했습니다. 신랑은 밤새 아이만 바라보고 얼마나 신기해하고 행복해하는지 지금도 눈에 선합니다. 심지어 아이가 똥을 싸는 모습을 보면서 울기까지 했습니다. 신랑이 39세, 내가 27세에 결혼하여 신랑 40세에 첫 아이가 태어나서 그런지도 모르겠습니다.

나는 아이를 가진 임신기간에도 출산 6개월 전까지 공연을 할 정도로 공연 연습을 하였고, 무용학원의 아이들을 가르치고, 인터넷으로 사회복지, 보육교사 자격증을 공부하고, 틈틈히 태교에 좋다는 취미생활이나 체조를 계속 하였습니다. 지금 생각해보면, 큰 아이에게 미안했지만, 우매한 엄마는 아이가 이상하다는 의사 선생님의 검진이 아니었으면 그냥 계속 일에 몰두했을 것이고, 결국은 아이에게 잘못된 영향을 미쳤을 것입니다.

제자들의 무용경연대회 출전

삐뽀! 삐뽀! 아이가 위험하다

요즘은 드라마에서도 흔히 볼 수 있듯이, 결혼 후에 대한 공부나 계획이 반드시 필요하다는 생각이 듭니다. 특히 아버지 학교나, 어머니 학교 등과 같이 결혼하고 출산을 준비하고 양육하는 모든 것에 대한 공부가 필수적이라는 생각이 듭니다. 우리시대까지는 아무래도 그런 교육이나 정보 등이 많이 없었다고 생각합니다. 있기는 했지만, 나처럼 자신의 삶에 집중하거나, 경제 활동에 집중하는 사람은 솔직히 결혼 후의 삶에 대한 교육이나 출산 교육, 혹은 자녀 교육에 대한 것들을 신경을 쓸 수가 없습니다.

연애를 하다가 결혼하는 사람들도 서로에 대한 감정을 중요하게 여기며 결혼을 합니다. 결혼을 하면, 서로의 생활 습관들을 어떻게 조율할 것이며, 경제적인 면과 출산 계획이나 양육에 대한 공부나 생각을 많이 못하게 되는 것이 지금까지의 현실이지 않을까 합니다. 그렇다보니 자연스럽게 준비없이 엄마가 됩니다. 그냥 아이가 태어나면 엄마가 됩니다.

  나 역시도 결혼에 대한 준비를 미처 하기도 전에 결혼부터 했습니다. 출산도 마찬가지였습니다. 임신을 했음에도 불구하고, 내 삶에 대한 변화가 있었는데도 불구하고 내 생활과 일에 더 집중했었습니다. 그 결과가 장애가 있는 아이를 낳을지도 모른다는 병원의 진단이었고 아직 10달도 되지 않은 뱃속의 아이를 제왕절개를 통해 세상 밖으로 끄집어내야 했습니다. 다행스럽게도 인큐베이터 시설에 들어가지 않고 체중은 미달이어도 건강한 아이로 태어났지만, 병원의 진단과 수술을 통해 건강한 아이가 태어날 때까지 걱정과 후회로 참 많이 힘들었습니다.

진단의 결과를 처음 들었을 때, 우선은 아이에게 많이 미안했습니다. 그리고 '이 아이를 어떻게 키워야 하나, 진짜 장애가 있는 아이가 태어나면 어떡하지' 하는 많은 생각이 들었습니다. 생명의 신비로움에 대한 기쁨보다는 아무래도 걱정이 먼저였습니다. 이 모든 것이 미처 준비하지 못한 결과이기도 했습니다.

지금 큰 아들인 상훈이는 이러한 이야기를 듣는다면 어떨까요?

상훈이의 생각

이렇게 건강하게 키워주시고 아껴 주셔서 항상 감사하다고 말하고 싶다.

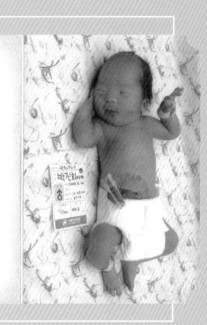

출생일시 : 2003 년 8 월 22일
12 시 35분 오후

몸무게 : 2.4 Kg

키 : 46 cm

성별 : 여자, 남자

아빠 :

엄마 : 박 진 희

예쁜 아기!
밝고 건강하게 자라세요.

큰 아들 상훈이가 태어났을 때의 모습

상훈이 태어난 지 15일째

커리우먼인 나보고 전담육아를 하라고!!

어릴 적부터 무용을 했고, 대학에 들어가면시 대학 생활과 같이 입시를 목적으로 하는 무용을 아이들에게 가르쳤습니다. 한 두명에서 시작하여 입시 전문 무용 학원을 운영하였고 그렇게 정신없이 바쁘게만 살아오다가 결혼을 하였습니다. 그런데 결혼을 하자마자 임신이라니, 정말 멘붕이었습니다. 게다가 큰 아이를 출산하자마자 둘째가 들어서다 보니 일에대한 고민보다는 1살 차이나는 남자아이 둘을 어떻게 돌볼까하는 걱정이 앞섰습니다.

기저귀도 분유도 단계마다 다르고, 아이에게 들어가는 것이 이것저것 한 두 가지가 아니었습니다. 그래서 남편은 물론 친정엄마까지 온 식구가 정신없이 아이 돌봄에 매달렸습니다. 나는 내 새끼를 돌보겠다고 하고, 친정엄마는 자신의 새끼를 도와 주겠다고 하다보니, 참 많이 싸우기도 했습니다. 양육하면서 일을 줄이기는 했지만, 정작 하는 일은 더 많았습니다. 그것이 공부였습니다.

하지만 신랑과 친정엄마의 도움이 없었으면 해낼 수 없었을 것입니다. 하나는 포대기로 업고 하나는 유모차에 태운 신랑의 엉거주춤한 모습이 아직도 생생하게 생각이 납니다. 전쟁을 치르듯 어느 덧 두 아이와 대화가 가능할 정도로 시간이 흘렀고 고민해야 하는 것들도 더 다양해지기 시작했습니다.

여러 가지 상황의 아이들을 성공적으로 가르쳤다는 교사로서의 자부심이 있었기 때문에 그런지 우리아이를 잘 키울 수 있다는 막연한 자신감이 넘쳤던 시기였습니다. 큰 아이는 태어날 때부터 작게 태어나서 다른 아이들보다 성장이 늦으면 어쩌나 걱정도 많았지만 별다른 문제없이 잘 자라주었습니다. 하지만 3세인 아이가 말도 늦고, 일반적인 사회생활 적응 능력이 다른 친구들보다 늦어서 한 살 어린 아이들과 같은 반에서(동생과 같은 반으로) 수업을 진행하면 어떠냐는 어린이집 선생님의 말을 듣고 몇 날 며칠을 울었는지 모릅니다. 지난 세월이 후회됐습니다. 병원을 가보라는 선생님의 권유에도 화가 나고, 정말이지 하늘이 무너지는 것 같은 마음이었습니다. 상훈이에 대한 고민은 늘어갔지만 정작 해결책이 보이지 않아서 더욱 힘들었습니다. 아이를 지도하는 교사의 신중함과 정확한 상황 판단이 아이의 성장에 큰 영향을 미친다는 것을 다시한 번 절실히 알게 되었고 나도 다른 아이를 더욱 신중하게 믿고 신뢰해야겠다는 다짐을 하였습니다.

큰 아들 상훈이와 작은 아들 상현이의 모습

상훈이가 좋아하는 "상희" 인형 동생

분유통을 들고 있는 상훈이

상훈이와 상현이 그리고 아빠

상훈이와 상현이

유모차에 타고 있는 상훈이

아이가 주는 행복

생각을 전환하면 사실 아이를 양육하면서는 모든 세상이 행복이죠. 나의 삶에서 아이가 차지하는 비중이 가장 크니까요. 그 행복은 구체적으로 다음과 같습니다.

1. 한 가지 일만 오래 해오던 엄마에게 쉬어가며 하늘도 바라볼 수 있는 여유라는 것을 알려 주었습니다.

2. 새로운 생명에 대한 성장과 부모란 자격으로 양육하는 무한행복의 책임을 부여받아 행복했습니다.

3. 늘 하던 일들을 아이와 함께 하는 것으로 생각의 전환을 하며 창의적인 상상들 덕분에 행복했습니다.

4. 나의 일을 기획하는 동반자가 생겨서 행복했습니다.

5. 새로운 일을 도전할 수 있는 누군가가 있어 행복했습니다.

6. 아무리 힘들어도 다시 용기를 낼 수 있는 유일한 에너지여서 행복했습니다. (세상의 내 편)

7. 부모의 마음을 생각하게 되며 반성과 후회를 느낄 때 생기는 웃픈 행복이 좋았습니다.

8. 무한으로 주고만 싶은 내 새끼가 있어서 행복했습니다.

9. 뱃속에서 10달, 태어나서 20년. 늘 새로움을 알려

주고 아이의 나이만큼 엄마를 성장시켜주는 하루하루
가 행복이고 감동이었습니다.

　10. 점점 나이가 먹을수록 내가 살아가는 이유가 아
이인 것을 느끼는 요즘. 아이의 성장을 바라보는 자체
가 행복이었습니다.

큰 아들 상훈이가 주는 행복

자는 모습에도 행복이 묻어납니다.

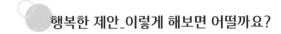

행복한 제안_이렇게 해보면 어떨까요?

1. 가족간의 중요 현안은 가족회의를 소집해보세요. 가능하다면 의사봉 등의 도구를 활용하는 것도 좋습니다. 역할을 정해 나의 의견을 전달하고 상대의 의견을 들으면서 본인의 책임과 의무 그리고 동기부여를 극대화할 수 있을 것 같습니다.

2. 연말과 신년엔 나의 잘한 것, 아쉬운 것, 가족구성원에게 용기를 주는 메시지와 원하는 것을 적어보며 공유하는 시간을 가지면 좋습니다.

3. 부모는 척!척!척! 박사가 되어 보세요. 화가 안 난 척! 괜찮은 척! 부모의 생각이 아닌 아들의 결정에 따르는 척! 답답하더라도 서두르지 않는 척! 모르는 척! 쿨한 척!

4. 한 발만 천천히 걸어가 보세요. 아이를 보며 결과가 뻔하게 보일 때 한번만 딱 한번만 참아보세요.

5. 아이가 주도하는 자유여행을 떠나 보세요. 여행 안에서 인생을 배우고 자존감이 강해지고 학습에 대한 동기부여까지 할 수 있습니다. 돌발 상황과 계획대로 진행이 안 되는 상황에 대처하는 능력을 기를 수 있으며 생각지 않은 소확행을 맛보며 자연스럽게 나의 미래를 생각하게 됩니다.

6. 부모의 일을 아이와 공유하며 함께 소통할 수 있는 상황을 만들어 보세요.

7. 가끔은 부모도 힘들다고(아이의 상황과 비유하며) 표현해 보세요.

8. 방학에 버킷리스트를 세워 함께 실행해 보세요. 가족 모든 구성원이 작지만 한 가지씩 새로운 시도를 할 수 있도록 서로를 응원하며 목표와 결과를 공유해 보세요. 버릇이 되면 참 좋습니다.

9. 화가 나면 잔소리를 존댓말로 해 보세요.

10. 서로에게 솔직히 표현해 보세요.

부모님이 소중하게 생각해야 할 아들의 모습

상훈이는 행복할까요?

조율의 시간

아이가 생기면 나보다 먼저 생각해야하는 일들이 생깁니다. 일을 줄여야 하고 시간이 많이 필요할 일들은 잠시 접어두어야 합니다. 유아기가 지나야 한 명 정도 레슨을 시작할 수 있지만 저녁일정은 피해야하죠. 그러다가 아이와 함께 할 수 있는 방법을 생각하게 되었습니다.

친정어머니와 신랑이 가사분담을 하지만 아이들의 이유식부터 김장까지 음식은 나의 몫이었습니다. 아이들에게 100% 집중을 못하기 때문에 어떤 자리든 최선을 다하려 했고, 아이들에게 부끄럽지 않은 엄마가 되고자 노력했습니다. 가끔은 유치원이나 초등학교 행사 때, 중학교 임원을 하는 부모들을 보며 아이한테 미안하기도 부럽기도 했습니다.

아이들이 2~3세 때 아이들을 봐주시던 친정어머니가 뇌수술을 하게 되었습니다. 하늘이 무너지는 것 같았고 갑자기 모든 일들이 중단될 상황이었습니다. 아이들을 어린이집에 맡기고 어머니를 만나러 갔다가 헤어지면서 얼마나 울었는지... 그렇게 2달 정도 매우 힘들었습니다.

엄마만이 아니라 사회의 일원이 되고 싶은 욕심

이 부분은 아마도 사회생활을 하면서 육아에 집중하는 모든 엄마들뿐만 아니라, 엄마라면 모두 경험을 했을 것 같습니다. 왜냐하면 아이를 키우기 위해 집에서 아이에게만 집중하게 되면, 물론 아이가 주는 행복이 참 많지만, 그것과는 다르게 인간으로서 다른 사람들보다 뒤처지는 느낌을 많이 받기 때문입니다.

특별한 것도 없는데, 지금 내가 무엇을 하고 있지? 내가 선택하고 내가 행한 것들이 맞나, 현재 내 삶을 이렇게 살아도 되나, 등등 참 많은 생각들이 나를 초라하게 만들었습니다. 인간은 사회적 동물이니 본능적인 생각이었던 것 같습니다.

　엄마임에도 불구하고 엄마의 역할만이 아니라 사회의 당당한 일원으로 살아가고 싶은 마음이 어느 순간 더 커졌던 것이 아닌가 합니다. 더욱 사회생활을 했던 모든 엄마들은 이런 생각이 더욱 쉽게 들 수 있습니다.

　나는 육아를 하는 모든 엄마들이 당당하게 사회의 일원으로 삶을 살아가는 것이 좋다고 생각합니다. 사회의 일원이라는 것이 단지 취업을 하여 경제활동을 하는 것만은 아니라고 생각합니다. 어떤 분은 봉사활동을 하면서 사회의 일원이라고 느끼시는 분도 있을 것이고, 회사에 취업을 하여 경제활동을 하면서 사회의 일원이라고 느끼시는 분들도 있을 것입니다. 저 역시도 육아를 하면서 꾸준히 무용 입시학원을 운영하며 아이들을 가르쳤고, 인터넷을 통해 보육교사와 사회복지사 자격증을 공부했습니다. 더 나아가서는 대학원 공부를 하기도 했습니다. 그런 일련의 행동이 나로 하여금 삶을 살아가는 진정한 의미를 느끼게 하기도 하였습니다.

정리하자면, 육아의 시간은 무엇보다 소중한 시간
입니다. 생명을 잘 자라게 돌보는 시간이기 때문입니
다. 다만, 이러한 시간을 보다 잘 활용하면 좋겠습니
다. 단순히 육아를 하여 사회적으로 뒤처지고 퇴보하
고, 격리되었다고 느끼기 보다는 육아를 통해 사회적
인 여러 의미를 더 강화할 수만 있다면 육아를 하는
시간을 충분히 내 경력으로 만들 수 있다고 생각하게
되었습니다.

상훈이의 생각

엄마의 본인 일에 대한 열정은 나에게 좋은 영향과 안
좋은 영향 모두를 준 것 같다. 엄마는 죽을 때까지 배
우는 거라고 많이 말씀하시는데, 어쨌든 엄마의 이 부
분이 나에겐 큰 배울 점이 되었다.

THE KOREAN ARTIST GROUP
한 국 예 능 단

NAME
성명 박 진 희 POSITION
직위 감 독

The above person will make overseas performance for international friendship exchange and is a member of Korea Artists Association.
위 사람은 국제친선 교류증진을 위한 해외공연 한국예능 단원임.

THE WORLD ASSOCIATION FOR ARTS EXCHANGE ORGANIZATION

사단
법인 세계예능교류협회
TEL : (02) 927-9633~4
FAX : (02) 927-9635

박진희 엄마의 해외 공연 활동

박진희 엄마가 한창 일하던 시절의 모습

제
26
회
정
명
숙
의

춤
향
기
60
년

하늘에 그린 시

2006. 11. 26(일) 오후 4시
국립국악원 예악당
주최 : 鄭明淑전통 춤 전수소
후원 : 문화재청, 한국문화예술위원회

박진희 엄마 인생의 멘토인 정명숙 스승님의 공연 팜플렛

2부
엄마 길들이기

-

아이와 소통하며 배우는 세상 이야기

5살 아들 시선 "아싸하러 간 엄마"

"우리 엄마는 아싸하러 갔어!"

엄마의 무용, 춤 공연을 상훈이는 아싸라고 표현했습니다. 왜 아싸라고 했는지 아직도 잘 모르겠습니다. 심지어 저의 스승님에게도 아싸 할머니라고 불렀습니다. 상훈이는 무대에서 펼쳐지는 엄마의 공연을 굉장히 자랑스러워했던 것으로 기억합니다. 공연이 끝나면 박수를 치며 엄마를 환영해 주었습니다.

상훈이는 엄마 공연을 박수치고 맛있는 것을 먹는 날로 아직도 기억하고 있고 실제로 공연이 있는 날이면 외식을 했었습니다. 하루는 "너희는 엄마 공연 있는 날 박수만 치고 너희끼리 고기 먹으러 가니?"라며 서운한 척하면서 상훈이에게 말했습니다. 상훈이는 "엄마 사실 무대에서 엄마가 춤추는 것은 너무 좋은데, 무슨 내용인지 모르겠고, 자꾸 이리저리 왔다 갔다 하고 엄마는 귀신 같다."라고 하면서 자기 방에서 책 한 권을 들고 나와 "엄마 내가 좋아하는 도깨비 나오는 책 내용으로 춤 만들어 주면 안 되나요?"라고 말했습니다.

일을 하면서 아이와 관련된 일을 하면 좋겠다는 생각을 안 해 본 것은 아닙니다. 그 순간 아이에게 보여줄 수 있는, 아이가 이해하는 공연을 하면 좋겠다는 생각을 했었습니다. 그래서 신랑과 상의를 하였습니다. 혹부리 영감이란 도서를 춤으로 공연하기 위해서는 극화된 공연을 기획해야 하는데, 결국 돈이 필요했습니다.

단순하고 결정이 빠른 나는 혹부리 영감이란 전래동화를 공연예술로 제작하기로 결정했습니다. 신랑에게 일정부분 후원을 받고, 공모사업으로 일정부분 지원을 받아 1년간을 준비했습니다. 준비하는 동안 지속적으로 상훈이와 소통을 하였습니다. 5살 유치원생과 말입니다. 처음에는 '과연 무엇을 할 수 있을까?' 하는 생각이 들었습니다. 그래서 상훈이에게 "상훈아 혹부리 영감으로 공연을 하려고 하는데, 엄마가 어떻게 공연을 하면 좋을까?"하고 물었습니다. 상훈이는 책을 보면서 설명을 해주었습니다. "엄마, 여기에는 도깨비 방망이가 마술을 해야 하고..." 상훈이는 글씨를 몰랐지만, 아빠가 읽어주는 책을 외우면서 자신의 생각을 엄마에게 설명했습니다. 이러한 생각을 모아, 혹부리 영감에 대한 공연 기획이 완성되었고, 마지막 연습할 때에는 상훈이를 공연장에 데리고 갔습니다.

"상훈아 연습장에 와서 공연을 보고 너가 더 생각나는 게 있으면 이야기해 주렴?"하고 이야기 했습니다. 상훈이는 어리지만 자신의 이야기가 무대에서 실현되고 있는 것이 마냥 신기하고 재미있었다고 말합니다. 마침내 상훈이 친구들 대상으로 공연을 했습니다.

실은 춤을 전공한 사람들이 극화된 공연예술을 진행하는 것은 전문가들에게는 안 좋은 시선으로 보일 수 있었습니다. 그러나 아이에게 엄마가 하는 일을 어떤

식으로라도 보여주고 싶었고, 아이에게 도움이 되는 공연을 하고 싶었습니다. 공연이 끝나고 어린이집에 돌아갈 때 상훈이가 울고 있어서 선생님이 "엄마와 떨어져서 우니?"하고 물었더니, 상훈이는 "엄마가 약속을 지켜줘서 고마워서요."라고 대답했다고 합니다.

　전국적으로 5년간 단독 공연을 했습니다. 어릴적 어린이집이나 학교에 갔다오면 엄마에게 "엄마 오늘 어떤 일이 있었는데..."라고 주저리주저리 말을 했던 것처럼 공연이 끝나고 집에 오면 "상훈아 엄마가 오늘 공연에서는 너가 이야기한 대로 이렇게 저렇게 공연을 했어."라며 이야기를 해주었습니다. 이것이 나의 육아였습니다. 특별한 육아를 하기 보다는 아이가 이해하는 수준에서 엄마가 했던 공연 뒷이야기를 들려주는 것이 나의 육아 방법이자 아이와 소통하는 방법이었습니다. 아직도 이런 이야기를 했을 때 상훈이의 얼굴 표정과 반응이 기억이 납니다.

상훈이와의 약속을 지킨 하남문화예술회관 첫 공연 장면

상훈이와의 약속 〈춤으로 들려주는 전래동화 혹부리〉 공연 팜플렛

엄마 공연을 따라하고 싶었는지 공연 의상을 입은 모습

상훈이와 상현이가 도깨비 방망이를 들고 놀고 있는 모습

엄마, 엄마도 우리집에 와!

상훈이가 6살, 상현이가 5살 때 두 아들에게 또 다른 공연을 의뢰받았습니다.

첫 번째 공연이 참 좋았다는 기억이 있었는지, 둘이서 책을 펼쳐놓고 다음에는 어떤 공연을 해야 하는지 상의하였습니다. 첫 번째 공연은 남자 친구들이 좋아하는 도깨비가 나오는 공연이었으니, 두 번째 공연은 여자 친구들이 좋아하는 공주님이 나오는 공연이 좋겠다며 이 책 저 책을 들춰보았습니다. 아이들이 아무리 책을 찾아보아도 예쁜 공주가 나오는 책을 찾지 못했고, 같이 상의한 끝에 "선녀와 나무꾼"으로 결정하였습니다.

이 공연은 연극하는 친구들이 참여하게 되어 많은 도움을 받았습니다. 유아 연극 공연 전문배우들이 참여하여 극적인 요소를 소화하는 것이 참 좋았습니다. 나무꾼의 춤에는 택견이 접목된 춤을 넣고, 선녀의 등장 장면에는 전통 춤을 넣어 공연을 준비하였습니다. 또한 동물이 많이 나오기 때문에 동물 탈을 쓰고 춤을 추는 것도 아이들이 좋아하는 요소였습니다. 마술 요소의 삽입은 당연한 것이었습니다.

상훈이와 상현이는 자신이 직접 도서를 선정하기도 하고, 제목을 정하기도 해서 이 공연에 애착을 느꼈습니다. 공연을 기획할 때는 책을 보여주면서 이야기로 전달해 주기도 하였지만, 그림을 그려서 전달해 주기도 하였습니다. 내가 집에 없을 때는 아빠에게 책을 읽어달라 하고 자신의 생각을 그림으로 그려두었다가 내가 집에 오면 쪼로록 달려와 준비한 것들을 꺼내놓고 이야기하곤 했습니다.

이 공연도 1년간 준비하였습니다. 이 공연을 하면서

아이의 생각과 태도에 많이 놀랐는데, 가장 놀랐던 것은 첫 번째 공연은 자신이 좋아하는 공연이었으니 두 번째 공연은 여자 친구를 위한 공연을 해야 한다는 생각이었습니다. 당시 아이가 좋아하는 여자 친구가 있었는지는 모르지만, 뚜렷이 기억하는 것은 첫 번째 공연은 남자를 위한 공연이었기 때문에 두 번째 공연은 여자를 위한 공연이어야 한다고 생각했다는 것입니다.

이 공연을 준비하는 동안 참 많이 바빠서 저녁 늦게 들어가곤 했는데, 아이들이 엄마에게 무심히 던진 한마디가 마음을 울렸습니다.

"엄마, 엄마도 우리집에 와!"
"엄마도 우리집에 같이 살거든!!"

2009년은 아이들을 위한 공연 덕분에 운이 좋게도 여주대학 뮤지컬학과에서 최연소 교수로 재직하기도 했고, 양육으로 손을 놓았던 석사를 마무리하고 박사과정에 다시 도전 했던 해였습니다.

내가 생각하던 일들을 척척 실현시키던 엄마가 굉장히 신기했던 것 같다.

상훈이의 생각

엄마의 특별한 선물

아이가 어느덧 7살이 되었습니다. 아직도 혹부리 공연을 계속 하고 있었고, 아이들이 제안해 준 아이디어로 공연예술을 하다보니 아이들에게 무엇인가 선물을 해 주고 싶었습니다. 용기와 희망 그리고 새로움과 성공을 맛보았기 때문입니다.

성교육에 대한 부담없고 재미있는 공연, 일명 성교육 댄스컬을 하면 좋겠다고 생각했습니다. 작사, 작곡, 영상, 연기, 춤까지 내 손으로 직접 만들었고 이번 공연은 아이의 생일에 맞추어 준비하였습니다. 그동안 아이들의 생일을 챙기기는 했지만 매번 공연과 일에 바빠서 원하는 만큼 해 주지 못한 것이 마음에 항상 걸렸기 때문입니다.

아이들이 태어났을 때 찍은 사진, 성장하면서 찍은 사진 등을 활용하여 아이들과 나의 이야기로 공연을 만들었습니다. 심지어 성교육 곡, 난자 춤, 정자 춤을 만들고, 영상까지 활용하였습니다. 남녀가 만나 아이가 생기는 장면, 엄마가 편지를 읽어주는 장면 그리고 아이가 태어나는 장면까지 구성했습니다. 성교육 곡은 성교육에 필요한 용어와 위험한 상황에서는 어떻게 행동해야 하는지에 대한 가사로 만들었습니다.

공연이 끝나고 엄마들에게 많은 피드백을 받았습니다. 특히 임신했을 때 생각이 많이 나 위로를 받았다고 고마워했습니다.

어린이집 원장님과 선생님들은 어린이집에서 아이들에게 성교육을 시키면 다른 때와 다르게 너무 집중을 못해 힘든 수업이었는데, 공연을 보고 너무 좋아 이렇게 수업을 하면 좋겠다는 생각을 했다고 합니다.

상훈이는 엄마가 자기에게 해준 이야기라고 공연 내

내 울었습니다.

　이 공연은 아이는 엄마에게 가장 소중한 아이라는 메시지를 담고 있으면서도 자연스럽게 성교육을 하는 공연이었습니다.

국내 최초 성교육 DancE-CaL
함께하는 성교육, 그 첫번째 이야기 〈소중한 선물〉 공연의 팜플렛

아이를 가졌을 때의 박진희 엄마와 아빠의 모습

아저씨, 다리 없는 거 장난이죠?

아이가 벌써 초등학생이 되었습니다. 상훈이에게 다음 공연은 뭐했으면 좋겠니? 물으니, 교과서에서 주제를 찾아왔습니다. 그리고 첫 번째 공연은 남자아이, 두 번째 공연은 여자아이를 위한 공연이었으니, 세 번째 공연은 장애인 친구들을 위한 공연을 하면 어떻겠냐는 의견을 제시했습니다. 그래서 찾은 주제가 교과서에 나온 <반쪽이>라는 전래동화였습니다. 반쪽이에 대한 내용은 다음과 같습니다.

'반쪽이는 눈도 귀도 팔도 다리도 하나씩밖에 없습니다.

반쪽이는 가장 모자란 자에 대한 상징일 수 있으며, 누구나 한 가지쯤은 가지고 있는 약점을 인격화한 것일 수도 있습니다.

반쪽이는 겉모습 때문에 주변 사람들에게 따돌림 당하고 온전한 대접을 받지 못합니다. 그러나 언제나 꿋꿋하고 재치 있고 구김살이 없습니다. 자신을 그대로 받아들이며 주어진 상황에 최선을 다합니다.'

순간 상훈이가 나보다 백배, 천배 낫다는 생각을 하였습니다. 그리고 몸이 불편한 친구와도 친하게 지내야 한다는 것을 상훈이도, 상훈이 친구들도 함께 배우면 좋겠다는 결론에 이르렀습니다. 이 공연을 통해서 상대를 배려하는 따뜻한 마음을 엄마들과 아이들에게 전하고 싶었습니다.

하지만 곧 작품을 어떻게 구성할지 혹은 장애인 친구들과 어떻게 합동공연을 해야 할지 하는 실질적인 고민이 앞서기 시작했습니다. 고민 끝에 이번 공연은 휠체어 댄스를 하시는 분들과 함께 하기로 했습니다.

물론 아이들도 좋아하는 비보잉 공연팀들과도 함께 했습니다. 단순하게 공연을 보고 즐기는 것을 넘어서 함께 생각해보는 계기가 되기를 바라는 마음으로 공연을 준비하였습니다.

공연이 끝나고 같이 사진을 찍으면서 아이들은 장애인 휠체어 공연팀에게 "아저씨 실제로는 정상이죠. 다리가 없는 거 장난이죠?"라는 말도 서슴지 않고 할 정도로 친해지기도 했습니다. 세상에는 우리와 같은 사람만 있는 것이 아니라는 것을 생각하는 귀중한 시간이었습니다. 춤추는 것밖에 모르던 내가 사회적기업의 대표로 예술과 사랑을 나누며 살아가게 되었습니다. 엄마란 이름이 생기니 도전에 대한 두려움을 극복할수 있는 자신감도 얻었습니다.

상훈이의 생각

> 지금 생각해보니 휠체어 공연팀 아저씨에게 죄송했다고 말하고 싶다. 그때 비보이 분들이랑 휠체어 공연팀 분들이 어렴풋이 기억나는데 되게 잘해주시고 즐거웠던 기억이 있다.

춤으로 들려주는 전래동화 3 〈내 친구 반쪽이〉 공연 팜플렛

학교 폭력 청소년들과의 소통

<내 친구 반쪽이> 공연을 하면서 학생들의 학교 생활에 대한 고민들을 듣게 되었습니다. 이제는 조금 더 큰 아이들의 성장과정에 대한 부분들을 주제로 공연을 하면 좋겠다는 생각을 하게 되었습니다. <내 친구 반쪽이> 공연과 그 외의 공연을 하면서 학생들 혹은 학부모들이 이야기해 주는 학폭이란 주제에 대해 관심을 가지게 되었습니다. 그 공연이 <골든데이지>라는 작품과 <여드름 비행기>라는 작품이었습니다. 이 공연은 한국애니메이션고등학교 학생들과 함께 준비, 작업한 공연이었습니다. 또한 스스로도 학폭에 대한 공부를

많이 하게 된 공연이습니다.

공연을 계속 진행하면서 느꼈던 것은 중2병보다 초4병이 더 무섭다는 것이었습니다. 사춘기에서 중2병, 그리고 초4병으로 아이들의 감정 기복이 점점 더 심해지고 있었습니다. 그래서 아이들이 성장하면서 느끼는 감정에 대한 공연을 준비해야겠다는 생각을 하게 되었습니다. 그 키워드가 학폭이었습니다.

단순히 아이들을 위한 공연보다는 아이들의 생활 속에 들어가 아이들이 고민하는 키워드를 공연으로 연결해야겠다는 생각을 하게 되었습니다. 특히 공연 후 나에게 이야기해주는 여러 가지 고민들이 개개인의 고민만으로 그치는 것이 아니라, 함께 생각하고 공유하는 계기가 되는 공연을 만들고 싶었습니다. 그래서 학폭에 대해 강의하는 선생님에게 가서 직접 이야기를 듣고, 강의도 듣고, 자료도 받아서 한국애니메이션고등학교 학생들과 함께 공연을 만들었습니다.

특히 한국애니메이션고등학교 학생들이 학교생활에서의 따돌림에 대한 이야기를 만화로 만들기도 했는데

이 공연은 하남 소재의 모든 중·고등학교에서 했습니다. 그리고 찾아가는 공연에서 무대공연으로 점점 확장하였습니다.

더욱 공연의 주최인 주식회사 나누리예술단은 결국 이 공연을 통해 주식회사를 사회적 기업으로 전환하였습니다. 나의 아이만을 위한 공연에서 아이들을 위한 교육 공연으로 확장되고, 이 교육 공연이 사회적 기업의 공연으로 확장된 것입니다.

순수예술에서의 나는 나만 예뻐 보이면 된다고 생각하며 상대를 배려하지 못할 때가 많았다고 생각합니다. 왜냐하면 순수예술을 하는 사람들은 기존에 지켜오던 것을 지켜야만 했고, 그로 인해 우리만의 세계, 우리만의 리그에 대한 생각이 강하게 자리 잡고 있기 때문입니다. 그러나 이 공연은 아이 때문에 시작하였고, 공연을 통해서 누군가를 배려하는 것도 배우게 되었으며 이러한 틈새 시장이 있다는 것을 알게 되면서 버스킹 공연을 하게 되고, 한국 전통춤도 활용하게 되었습니다. 한국 전통 춤을 이용한 체조를 개발하여 검단산에 있는 공원에서 춤을 추기도 했고 재래시장 활성화를 위한 춤도 추게 되었습니다. 이렇게 되면서 점점 사회적 기업으로의 변환이 필요하다는 것을 느끼며 탈바꿈하게 되었던 것입니다.

아이들에게는 이거 해라 저거 해라 라는 말보다는 내가 먼저 아이들에게 행동으로 보여주는 것이 좋다는 것을 많이 느꼈습니다. 내가 해보고 아이들과 함께 해보는 것이 아이들에게 가장 좋은 교육이 아닐까 조심스럽게 생각해봅니다. 엄마도 실수할 수 있고, 못할 수도 있으니, 그냥 인정하고 아이들에게 숨김없이 보여주는 것이 좋았습니다. 그럼 아이들도 생각하고, 따라하고, 스스로 하지 않을까 합니다. 이것이 아이들에게 주는 동기부여라고 생각해봅니다. 그러한 행동이 아이들로 하여금 우리집은 큰 일에 대한 것은 엄마에게 이야기하고, 사소한 것들에 대해서는 아빠에게 이야기를 하는 분위기라고 느끼게 만든 것 같습니다.

상훈이의 생각

엄마가 지금까지 해온 것들은 내가 더욱 앞으로 나아갈 수 있도록 동기부여를 해주고 힘을 주는 것 같다. 큰일을 엄마랑 얘기하고 사소한 일은 아빠와 얘기했던 것은 환경적으로 아빠랑 함께 하던 시간이 더 많아서 그럴 수도 있었던 것 같다.

청소년 성장극 〈골든데이즈〉 팜플렛

찾아가는 예술교육 프로젝트 〈여드름 비행기〉 팜플렛

너무나도 당당한 수학점수 24점

수학 점수 24점.

상훈이의 2학년인가 3학년 때의 점수였습니다. 상훈이는 원래 수학을 잘했고 흥미와 관심이 많았습니다. 그래서 본인 요청으로 수학학원도 보냈는데, 그 학원의 주입식 교육 방침이 아이에게 맞지 않았는지 점점 수학에 흥미를 잃어갔습니다.

내가 알고 있는 아들은 동기부여가 되면 정말 깊이 있게 파고들지만 흥미를 잃으면 아예 손을 놔버리는 성격이었는데, 수학이 딱 그 경우였지요. 그리고 결과적으로 24점이라는 점수를 받았던 것이었습니다.

그래서 나는 공연을 통해 다시 동기부여를 해주려고 했습니다. 특히 아들이 좋아하는 역사를 매개체로, 장영실과 화폐를 관련지어 공연을 하기로 했습니다. 역사를 좋아하는 아들에게 장영실을 보여주고 그 관심을 화폐와 수학으로 자연스럽게 연결하는 엄마의 고도의 기술이었습니다. 학교 선생님들에게 도움을 받고, 장영실에 관한 체험을 할 수 있는 체험장도 만들고, 만원의 비밀이라는 교재도 만들었습니다. 방학때는 방학숙제도 해야하고, 박물관도 가야하고, 견학문도 작성해야 하는데 공연을 통해 한 번에 해결할 수 있도록 한 것입니다. 물론 장영실에 대한 노래도 만들었습니다.

장영실에 관한 공연과 수학과의 연관은 측우기, 자격루의 원리를 이용했습니다. 그럼에도 불구하고 상훈이는 수학을 다시 열심히 하지 않았습니다. 나의 계획은 처참하게 실패하였습니다. 동기를 다시 확실하게 부여해 주고자 했는데, 학교의 수학 공부와는 연결이 되지 않았습니다. 그래서 다른 방법을 찾고자 했고, 그것이 여행이었습니다.

상훈이의 생각

너무 어릴 적의 내용은 잘 기억이 안 나지만 책을 읽고 엄마한테 아이디어를 주고 그 아이디어가 뮤지컬로 만들어지는 게 신기하고 재미있었던 것 같다.

1년에 하나씩 공연이 만들어질 때 마다 나도 무언가 한 것 같은 마음에 뿌듯했고 다음 작품이 무엇일까? 기다려지고 궁금했으며 엄마가 자랑스럽고 그랬던 것 같다.

나의 생각과 의견이 공연 장면에 나올 때 마다 흐뭇했고 그 결과물이 엄마에게 도움이 되었다는 생각에 기뻤다. 내가 마치 제작자의 한사람이 된 것 같은 느낌이 의미 있었다.

함께 춤추며 즐겁게 체험도 하고 공연도 보고!
〈경제 과학극 장영실〉 공연 팜플렛

탕!탕!탕! 더 큰 소통을 위한 공연에서 정치로

어릴 때는 무용이 재미있었습니다. 그러다보니 자연스럽게 무용을 전문적으로 하게 되고, 무용 공연도 하고, 콩쿨도 나가게 되었습니다. 그리고 모든 학생들이 그렇듯이 무용으로 입시를 준비하고 대학에 진학을 하였습니다. 자연스럽게 무용으로 대학에 가고자 하는 친구들을 가르치게 되었고, 이것이 입시학원으로 이어졌습니다. 대학생활과 입시학원을 하면서 개인적으로 많은 공연도 하였는데, 여기에 또 하나가 추가된 것이 아이들을 위한 공연이었습니다. 처음에는 단순히 아들을 위한 공연으로 시작하였지만 하다보니 점점 확대되어 사업화되었습니다. 그래서 주식회사 나누리예술단을 만들어 체계적으로 공연을 하게 되었습니다. 그리고 교육사회적 이슈들에 관심을 가지면서 사회적 기업으로 변모하게 되었습니다.

지역 경제 활성화를 위해 재래시장에서 홍보 공연도 하고, 산에 있는 공원에서 건강체조와 같은 무용 공연도 하고, 할머니 할아버지들을 위한 공연을 하고 가르치기도 하면서 사회적 기업이 되었습니다.

사회적 기업이다 보니 수익을 올리기 보다는 사회적 공동체를 위한 공연이 많았습니다. 예를 들면, 다른 사람들은 지원을 받아 1회성으로 공연을 하였지만, 나는 하루에 3회 그것도 일주일 동안 공연을 했습니다. 이것이 내가 다른 지역 사회의 사람들에게 알려지게 된 계기였다고 생각합니다.

그리고 이것이 아마도 정치인들의 타깃이 된 것이 아닌가 합니다. 저는 정치에 대한 생각을 한 번도 해보지 않았는데 말입니다. 지역 정치인이 공연에 찾아오기 시작하거나 공무원들이 공연에 지원금을 주겠다고 연락하기 시작했습니다. 그럴때마다 나는 "그 지원금을 지역 예술인들에게 지원해주세요. 저는 지금까지 해오던 것처럼 저 나름대로 계속 진행하겠습니다."라고 답변을 드렸습니다. 시쳇말로 얼마나 싸가지가 없이 보였겠습니까.

그러다가 결정적인 일이 있었습니다. 그동안 우리 시의 공연 대표는 매번 입선을 하지 못했는데 시의 부탁으로 시 대표로 공연 대회에 나가게 된 것입니다. 그리고 하남시 23년 역사에 처음으로 대회 1등을 하게 되어 박진희란 이름을 알리게 되었습니다.

지역정치는 항상 새로운 사람, 젊은 여성에 목말라 있었는데 그런 조건에 내가 딱 맞았던 것 같습니다. 30대 젊은 여성이고, 사회적으로도 많이 알려졌고, 지역사회에서 많은 봉사도 하고, 지역에 대해 많은 관심이 있는 사람으로 적어도 지역정치인들에게는 그렇게 보였을 것입니다. 한 6개월동안 정치에 입문하라는 제안을 받았습니다.

그러던 어느 날 신랑이 한 번 해보는 것도 나쁘지 않

겠다고 이야기를 하면서 이 건에 대해 가족회의를 개최하였습니다. 아마도 가족회의를 하기 전에 이미 어느 정도 도전해 보는 쪽으로 마음이 움직였던 것 같습니다. 사회적 기업을 하면서 자연스럽게 접하던 회의진행 의사봉을 꺼내들고 가족회의에 나의 정치 입문에 대한 안건을 올렸습니다. 우리 집은 가족 구성원이면 누구라도 의사봉을 꺼내들고 회의 안건을 올릴 수 있었고 그럼 가족회의가 개최되었습니다.

가족회의에서 아이들에게 엄마의 정치 입문에 대한 그동안의 일들을 설명하였습니다. 그리고 결정 기준은 아이들에게 초점을 맞췄습니다. 즉 아이들이 싫다고 하면 정치를 하지 않을 생각이었습니다. 아이들에게 너희들의 의견이 제일 중요하다고까지 이야기했습니다. 아이들은 "엄마, 정치를 하게 되면, 우리에게 어떤 것이 좋고, 어떤 것이 안 좋아?"하고 물었습니다. 나는 솔직하게 너희들에게 좋은 것은 없을 것 같고, 지금도 엄마가 공인이어서 너희들이 여러모로 힘들텐데, 정치를 하게 되면 너희의 엄마보다도 하남시의 엄마가 되어야 해서 너희들이 더 많이 힘들 수 있다고 설명해주었습니다. 예를 들어 엄마랑 놀러 나가서도 사람들의 눈치를 봐야 하는 경우가 생길 수 있고, 너희를 더 못 챙길 수도 있다고 알려주었습니다. 여러 가지 생각지 못할 문제들이 생길 수도 있고 그로 인해 많은 불편함을 겪을 수 있다고 이야기해 주었습니다. 그럼에도 불구하고 너희가 이해해주면 엄마는 한번 해보고 싶다고 속 마음을 보여주었습니다.

엄마의 이야기를 다 들은 아이들은 내 손을 잡으면서 "엄마, 나 엄마에게 실망했어!"라고 말했습니다. 그 이유를 물어보니, 자기가 4학년때인가 5학년때, 엄마가 꿈을 크게 가지라고 말했다는 것이 그 이유였습니다. 예를 들어 대통령, 국무총리 등등. 그런데 엄마는 겨우 시의원을 하려고 하냐고 말을 하면서 그래도 엄마가 하고 싶다고 하면 자신이 조금 힘들어도 괜찮다고 말하였습니다.

큰 아들도 우리가 산곡초등학교에 다닌다고 엄마가 산곡초등학교만 신경을 쓰면 엄마는 정말 나쁜 의원이

될 수밖에 없다고 하면서 우리 동네, 우리 학교만이 아니라 하남시 전체를 살피고 챙기는 그런 사람이 되었으면 좋겠다고 말해 주었습니다. 결국 가족회의 결과, 하남시의 시의원으로 정치에 입문하는 것이 통과가 되었습니다.

지금까지 내가 좋아하는 일만 하고 살았고, 세상이 나를 중심으로 돌아가는 줄 알고 살아왔으며, 열심히 하면 모든 일이 잘 되는 줄 알고 살아왔는데, 정치에 입문하면서 이러한 생각에 변화가 생겼습니다. 열심히 한 결과 무용에서도, 정치에서도, 학계에서도 최연소라는 타이틀과 좋은 결과를 냈지만 정치를 하면서 열심히 한다고 모든 것이 좋은 결과로 이어지는 것은 아니라는 사실을 알게 되었습니다. 이런 게 세상이라면 지금까지 내가 아이들을 잘못 키웠나하는 의구심도 들었습니다. 아이들에게 목표를 가지고 열심히 하면 된다고 말을 해왔는데, 잘못 말한건 아닐까 하는 생각이 들었습니다. 그래서 이제는 열심히 해도 잘 안되는 상황에서 극복하는 방법, 혹은 어떤 돌발 상황에서 자신이 생각했던 의도대로 되지 않았을 경우, 실망하지 않는 법을 가르쳐야겠다는 생각을 하게 되었습니다.

상훈이의 생각

예전에도 그랬지만 엄마가 하고 싶은 걸 하는 게 가장 엄마답다는 생각이 들었다. 하남의 엄마라 그러셔서 조금 삐지긴 했지만 엄마가 다른 멋있는 것을 한다는 것이 기대되고 응원해주고 싶었다.

할 말은 시원하게
비판은 날카롭게

박진희 시의원의 의정보고서 중에서

신바람 나는 행복한 하남 만들기

늘 시민편~

박진희
1000일 이야기

박진희 시의원의 의정보고서 중에서

정신없이 살다보니...

무용, 공연, 입시학원, 결혼, 육아, 사회적 기업, 시의원 등등

일이 점점 더 늘어날수록 가장 소홀해지는 것이 아무래도 나와 가장 가까운 가정이 아니었나 생각이 듭니다. 내 인생에서 가장 큰 화두는 "열심"이었습니다. 열심히 하면 모든 것이 잘 되었고, 주변에서는 내가 바쁘니 모두 나에게 맞춰 서포트를 해주었습니다. 그러나 여기에 가장 힘든 정치라는 일이 추가되면서 시간이 더욱 정신없이 지나가게 되었습니다.

내가 왜 이렇게 열심히 살았지하는 의구심이 들기도

했고, 세상이 내가 생각하는 대로 되지 않는다는 사실을 느꼈을 때는 많이 울기도 했습니다. 학자금 대출을 받아가면서 그렇게 열심히 공부한 것이 다가 아니라는 생각이 많이 들었던 것이죠.

이 시기에는 정치라는 새로운 분야의 일을 하게 되면서 "열심"이란 삶의 키워드가 흔들리기 시작했습니다. 그러면서 아이들에게도 이러한 사실을 알려주어야겠다고 생각했습니다. 경험하고 그 경험을 통해서 나름대로 정답을 찾는 타협이었습니다.

그 타협의 결과로 그 동안의 내가 했던 행동이 달라져야 한다고 생각하게 되었습니다. 그러나 고민은 이러한 것을 아이들에게 어떻게 설명해야 하는지가 고민이었습니다. 엄마가 전혀 다른 세상을 경험하니 그동안 열심히 하면 좋은 결과가 온다고 생각하고 열심히 하였는데, 그렇지 않더라고 아이들에게 부정적으로 설명해 줄 수는 없었습니다. 그래서 아이들이 스스로 느끼는 방법을 선택했고 그것이 여행이었습니다.

공연을 했을 당시에는 아이들을 위한 공연을 준비하

기도 하고, 아이의 기획과 참여를 통해 아이들과 보내는 부족한 시간들을 채워었는데, 정치를 시작하고 1년간은 아이들과 전혀 함께하지 못했던 이유도 있었습니다.

상훈이의 생각

엄마가 정치 일을 처음 시작했을 때가 생각이 나고 그때는 자세히 몰랐지만 많이 힘들어하셨다는 것이 마음이 아팠다.

박진희 엄마의 무용입시학원의 홍보팜플렛

문화예술로 따뜻한 사랑을 나누는
꿈나누리예술단 정기 공연

나는
꿈꾸다

일시 : 2013년 2월 22일 (금) 7시
장소 : 하남 문화예술회관 아랑홀(소극장)
주최 : 예비사회적기업 아트컴퍼니 나누리
주관 : 꿈나누리예술단
후원 : 한채당
문의 : 031-795-3636

(재)하남문화재단 기술운영팀
기술감독/안길호 **조명감독**/서지원, 박성준, 고석인
음향감독/서동환 **무대감독**/이우근, 이범수, 오영환

박진희 엄마의 주식회사 꿈나누리예술단의 정기 공연 팜플렛

초등학생 아들이 다 챙겨야 하는 동경 여행

1년간 정신없이 살다보니, 가장 아쉬운 것이 아이들과 많은 시간을 가지지 못한 거였습니다. 그래서 앞뒤 안 보고 질렀습니다.

"상훈아, 엄마랑 여행갈까?"

무엇인가 새로운 것에 도전을 하고 싶었습니다. 나도 못하고 아들도 못하는 것을 하고 싶었습니다. 특히 아들이 초등학교 6학년인데 졸업여행도 못 갔던 것이 마음에 걸렸습니다. 그래서 여행이란 화두를 던졌고 상훈이는 흔쾌히 오케이 했습니다.

이번 여행은 가족여행이 아니라, 큰 아들과 단둘이

함께 간 여행이었습니다. 기존 가족 여행은 항상 제 일과 얽혀 있었습니다. 새벽 다섯시부터 일곱시까지 레슨하고 여행을 출발하여 나머지 시간에 열심히 놀고, 다시 새벽에 와서 레슨을 하고, 또는 지방 공연장에 가족이 함께 가서 저는 공연을 마치고 다시 가족과 합류하여 노는 식의 여행이었습니다.

아무튼 세상이 바뀌고 내가 세상이 바뀌었다는 것을 알았으니 아이에게 내가 지금까지 했던 것과는 다른 무엇인가를 알려주고 싶었습니다.

그런데 내가 시간을 낼 수 있었던 것은 1박 2일뿐이었습니다. 그래서 생각한 것이 일본 여행이었습니다. 동경에 갔다오기로 했지요. 그러면서 큰 아들에게 동경 여행 계획을 세우게 했습니다. 어디를 가고, 어디서 자고, 비행기 표도 땡처리닷컴을 통해서 예매하는 모든 일정을 아들에게 맡겼습니다. 다행스럽게도 아이가 피규어에 관심이 많았기 때문에 일본 동경 여행에 저보다 더 적극적이었습니다. 나는 영어도 못하고, 일본어도 못해 걱정이었는데 아들은 그런 걱정이 전혀 없었습니다.

정신없이 아들이 세운 계획대로 동경으로 출발했습니다. 생각나는 에피소드로는 일본 도쿄타워에 갔는데, 엘리베이터를 타고 올라가면 되는 것을 계단으로 걸어서 올라간 것입니다. 허리 수술한지 얼마 되지 않았을 때라 정말 힘들었습니다. 또 하나는 엄마는 의원인데, 하다못해 시청에 가서 사진이라도 한번 찍어야 되지 않냐는 상훈이의 제안에 갑자기 시청에 가서 사진을 찍기도 했습니다. 아들은 저보다도 더 적극적이었습니다. 지하철과 버스를 타고 여행하면서 엄마 여기는 이것이 좋고, 저것이 좋고, 우리나라는 이런저런 것이 부족한 것 같다는 말을 하는 것을 듣고 깜짝 놀랐습니다.

상훈이는 본인이 영어를 잘 한다고 생각하였는데, 일본에 가서 일본 사람들과 잠깐이라도 이야기를 해보니 영어 공부를 더 열심히 해야겠다고 다짐하기도 했습니다.

여행 후, 아들은 영어학원을 다니면서 열심히 공부를 했습니다. 그러면서 일본 여행을 다시 가자고 요청하여 2번째 일본여행을 가게 되었습니다. 이번에도 아들이 모든 계획을 세웠고, 이번에는 큰 아들, 둘째 아들, 그리고 저 이렇게 셋이서 2박 3일의 일정으로 가게 되었습니다.

　여행지는 교토 지방이었습니다. 교토 인근 지역 한 시골에 숙소를 잡았는데, 예약한 숙소 근처에서 일부러 못 찾는 것처럼 이야기하니 아이들이 이리 뛰고 저리 뛰어다니면서 숙소를 찾기도 했습니다. 상훈이는 2번째 여행이라고 짧은 일본어를 공부해 와서 활용하기도 했습니다.

　에피소드 한 가지를 소개하면, 버스가 하루에 2번밖에 없는 시골마을에 갔을 때의 일입니다. 공항가는 택시를 타기위해 현금이 필요해서 은행이나 현금인출기를 찾았지만 어디에서도 찾을 수가 없었습니다. 작은 아들과 저는 어디에서 무엇을 해야 할지 모르고 정신없이 있었는데, 큰 아들이 이리 뛰고 저리 뛰어 다니면서 일본 사람들에게 물어 택시를 불렀습니다. 공항에 가서 돈을 찾아 주기로 한 다음 택시를 타고 공항에 가는 도중 상훈이가 택시 운전사와 일본어로 계속 이야기를 하는 것에 깜짝 놀랐습니다. 일본어를 맞게 하는 것인지는 모르지만 택시 운전사가 웃으면서 아이와 계속 대화를 하는 것이 신기할 뿐이었습니다.

첫 번째 여행에서 새로운 환경에 적응하는 것, 호기심 그리고 언어가 정말 중요하다고 생각을 했다면, 두 번째 여행에서는 자존감, 자신감, 위기상황에서 극복하는 능력을 얻었습니다. 특히 상훈이는 외국어를 못하는 엄마와 동생을 위해 조금이라도 일본어를 준비하여 위기 상황을 돌파하고자 했었다고 합니다. 엄마와 동생이 당황했을 때, 상훈이는 자신이 해결해야 한다고 생각했다는 것입니다.

상훈이의 생각

약간 자신이 없기도 했지만 용기가 어디에서 나왔는지 모르겠다.

지금 생각해 보면 엄마의 텐션 덕분에 정신 없이 막 해낼 수 있었는지도 모르겠다.

첫 해외여행이었고, 힘들었지만 도쿄에 간 것이 지금 내가 미국에서 공부하는데 영향을 준 것은 틀림없을 것 같다. 이 여행으로 여행에 관심이 생겼기 때문이다. 뭔가 새로운 첫 도전이라는 생각에 도쿄 여행이 가장 의미 있었던 것 같다. 지도도 잃어버리고 길도 많이 잃어버린 여행이였지만 가장 기억에 남는 여행이었던 것 같다. 길에서 도와주신 일본인 분들과 다른 외국인 여행자 분들을 보고 나도 나중에 이런 도움을 주고 싶다고 생각했다.

일본 여행은 학교 선생님처럼 내가 모르는 것을 가르쳐 준 것 같다.

여행 중에 일어났던 돌발상황 덕분에 생활 중에 일어나는 문제에 당황하지 않고 침착하게 처리할 수 있는 힘을 기를 수 있었던 것 같고 더 재밌게 잘 여행하고 싶어서 일본어도 공부하고 언어 쪽에 대한 관심이 생긴 것 같다. 엄마랑 같이 가는 여행이여서 힘든 점도 있었지만 몇몇 상황에 도움을 주셔서 좋았다. 여행가기 전 혼자 공부했던 일본어공부가 도움이 많이 되었다. 또 이때 계획 짜는 것, 길 찾는 것에 대한 나만의 노하우? 같은 것이 생겨서, 훨씬 성공적으로 여행을 다닐 수 있었다.

여행 뿐 아니라 친구관계도 공부하는 것도 다른 사람들과의 관계도 내가 먼저 노력하고 안 되면 다른 방법도 찾게 되고 도전하며 실패도 해보면서 또 다른 생각을 하게 되는 나의 모습이 생겼다. 그래도 수학은 너무 자신이 없지만...

일본 오사카에서 형 상훈과 동생 상현

2011.01.23

엄마와 아이들의 여행에서

비자발급도 모르는 엄마가 해외여행을 간다고?

2번의 일본 여행이 힘들었지만 아이들의 좋아하는 모습과 갔다오고 난 뒤 아이들의 태도 변화를 보면서 굳이 내가 아이들에게 설명을 해 주지 않아도 여행을 통한 동기부여가 스스로 되는 것이 좋았습니다. 그래서 적어도 1년에 한번은 여행을 가자고 약속했습니다.

또 한가지, 일본 여행을 통해 아이들이 언어, 즉 일본어를 공부하려고 하는 모습을 보면서 이번에는 조금 더 욕심을 내어 중국을 가기로 했습니다. 중국에 가면 중국어에 대한 관심을 갖지 않을까? 하는 마음이었습니다.

이번 중국 여행에 대한 준비는 엄마가 하기로 했습니다. 아들은 일정만 짜고, 나머지는 엄마가 계획을 세웠습니다. 그리고 이번에는 아빠, 엄마, 큰 아들, 작은 아들이 모두 함께 갔습니다. 물론 당연히 비행기 표도 엄마가 구입했습니다.

드디어 북경 여행 당일. 공항에 가서 티켓팅을 하려고 티켓을 내밀었는데, 비자를 달라고 하여 서로 당황한 얼굴만 쳐다보았습니다. 비행기 출발 한 시간 전이었습니다. 일단 비행기표를 취소하고 비자 없이 갈 수 있는 나라의 비행기표를 구했습니다. 그리고 그 자리에서 1시간 후에 출발하는 홍콩 가는 비행기표로 교환했습니다. 갑자기 여행지가 북경에서 홍콩으로 변경되었습니다. 큰 아들은 비행기 안에서 북경 여행 계획을 홍콩으로 수정하였습니다. 문제는 더운 날씨였는데, 홍콩에 도착한 뒤 티를 하나 구입하여 3일을 버텼습니다. 상훈이가 여권을 잃어버리기도 했는데, 홍콩 사람들에게 물어보면서 결국은 여권을 찾아왔습니다. 우리 아이가 이렇게 영어를 잘 했나 하는 생각이 들면서 한

국도 아닌 홍콩에서 잃어버린 여권을 찾는 모습이 신기했습니다.

한국에 돌아와 집으로 가는 도중에 상훈이가 "엄마 호랑이 굴에 들어가도 정신만 차리면 된다는 속담이 이거겠지요?"라고 물었습니다. 나는 상훈이에게 "상훈아, 인생도 그렇지 않을까? 계획하고 노력해도 뜻대로 되지 않는 것이 많더라. 시험을 보면 합격할 수도 있고, 떨어질 수도 있지. 중요한 것은 목표를 이루었고 이루지 않았다는 결과를 보는 것보다 그 과정에서 자신이 어떻게 해왔는지, 그리고 어떤 상황이 펼쳐지더라도 극복하는 것이 중요하지 않을까?"라고 이야기하면서 여행에 대한 소감을 나누었습니다.

큰 아들은 성격도 내성적이었는데, 여행을 다니면서 점점 자신감이 생겨 더욱 적극적으로 행동하는 것이 보기 좋았습니다. 특히 공부를 잘하는 동생을 보면서 동생은 공부를 잘하고 나는 다른 것을 잘 하면 된다는 자신감을 가졌던 것이 좋았습니다.

상훈이의 생각

공항에서 비자가 필요하다는 소식에 당황했지만, 정신없이 비행기에서 일정을 짜기 시작했다. 가방도 잃어버리고, 많은 일이 있었지만 멋있는 것도 보고 맛있는 것도 먹으며 너무 만족스러운 홍콩여행을 할 수 있었다. 호랑이 굴에 들어가도 정신만 차리만 된다는 속담을 경험했던 것 같다. 한국에 도착하고 긴장이 확 풀리니 매운게 당기면서 나 자신이 자랑스러웠다. 다음 중국여행을 위해 중국어를 열심히 해야겠다는 생각도 했다.

큰 아들 상훈이가 영어학원에서 말하기 대회에 참석한 모습

홍콩 지도 안내서를 보는 형 상훈과 동생 상현

아들의 결심 "세상을 길들여야지!"

이번 여행은 지난 여행에서 이루지 못한 욕심으로 세운 여행입니다. 일본에 갔더니 일본어에 관심을 가지고 일본어를 공부하고, 홍콩에 갔더니 하던 영어를 더욱 관심을 가지고 공부를 하는 모습을 보면서 신랑과 나는 중국에 가면 중국어에 관심을 가지고 공부를 하면 좋겠다는, 지난 여행으로 얻은 욕심으로 여행을 계획하였습니다. 물론 이 욕심이 전부는 아니지만 말입니다.

이번 중국 여행지는 청도입니다. 지난 여행에서는 북경을 계획하였지만, 이번에는 1박 2일밖에 허용되지 않은 엄마의 스케줄 때문에 우리나라와 제일 가까운 지역인 청도로의 여행을 계획하였습니다. 이 시점에서 중요한 것은 큰 아들이 유학을 생각했던 것입니다.

홍콩 여행을 갔다오고, 상훈이는 일본 유학을 조심스럽게 생각하면서 유학을 보내줄 수 있느냐고 물었습니다. 그런데 일본으로 고등학교를 보내는 것은 쉽게 허락을 할 수 없었습니다. 또 일본의 고등학교와 상훈이가 맞을 거라고 생각지 않았습니다. 일본의 고등학교도 우리 고등학교와 비슷한 교육환경이라고 생각했기 때문이었습니다. 이런 고민을 상훈이가 다니는 영어학원 원장님과 이야기하다가 중국은 어떠냐는 의견을 들었습니다. 영어학원 원장님 자녀가 중국에서 유학을 하고 있었기 때문에 중국 유학에 대한 자세한 제안을 받았습니다. 그래서 중국으로 유학을 보낸다는 생각을 하게 되었습니다. 그러나 넘어야할 산은 우선 신랑을 설득하는 문제였습니다. 처음에는 반대를 심하게 하던 신랑도 점차 제 생각에 동의를 해주었습니다. 그러나 저는 이런생각에 대해서 상훈이에게는 말하지 않고 중국여행 중에 상훈이가 결정하도록 내버려두었습니다.

상훈이에게 중국에 여행을 가자고 말하면서 유학할 학교와 지역을 탐방하는 계획을 세웠습니다. 단순히 엘리트 공부를 시키기 위한 유학이 아니라, 중국이란 환경 때문에 중국 유학을 보내고 싶었습니다. 그래서 북경이나 기타 다른 큰 도시 혹은 학교가 유명한 지역이 아닌 단순히 중국이면 되었습니다. 참 단순했지요.

여행을 가지 전에 계획적으로 아이에게 <차이홍> 중국어 학습지를 시작하게 하였습니다. "상훈아 중국 여행을 가는 데 조금이라도 중국어를 알아야 하지 않니?"라고 말하면서 말이죠. 결국 상훈이가 먼저 공부를 시작하고 청도로 여행을 갔습니다.

청도에서 상훈이에게 우리의 계획을 고백했습니다. "상훈아 일본은 이런 이런 부분이 문제가 있으니, 중국 유학은 어때?"라고 말하면서 상훈이에게 엄마, 아빠만 결정했던 이야기를 했습니다. 상훈이는 처음에는 쉽게 결정하지 못하였지만, 결국은 중국 유학도 괜찮을 것 같다고 대답하였습니다. 결국 저는 상훈이에게 한국에 돌아가면 유학을 간다고 결정하지 않아도, 시간을 내어 영어학원 원장 선생님 딸이 다닌다는 학교에 아빠와 함께 가보면 좋지 않을까?라고 살짝 더 꼬셨습니다.

결국 아이는 아빠, 엄마와 함께 중국 학교를 탐방하였습니다. 갔다 와서 아이가 한 첫마디는 "엄마, 저 그럼 국제 결혼을 해도 되나요?"였습니다. 학교가 어떻고, 유학은 어떠하다는 말이 아니라 국제결혼을 먼저 이야기하는 아들이 여유있어 보였습니다.

그러나 문제는 중국어 급수 시험이었습니다. 중국어 급수 시험을 통과해야 유학을 갈 수 있었기 때문에 상훈이는 중국어 학원에 다니기 시작했습니다. 내가 볼 때 상훈이가 그렇게 열심히 공부를 했던 때는 없었던 것 같습니다. 결국 상훈이는 중국의 중학교 3학년으로 편입하였습니다. 중학교 3학년 때 독립을 했던 것입니다. 일본이 아니라 생각지 못한 중국 항주로 유학을 가게 된 것이지만 말입니다.

아이를 유학 보내고 나서 보름 내내 울었습니다. 큰

아들 상훈이의 빈자리가 생각보다 커서 참 허전했습
니다.

상훈이의 생각

오래 다닌 영어학원 원장님의 추천으로 중국유학에
대한 생각을 하게 되었고, 시험 삼아 직접 중국에 가서
중국의 분위기를 느낀 후 결정하자는 생각이 들어 청도
로 가보게 되었다. 학원 선생님께서는 기숙사 생활과
여행은 상관없다고 하셨지만 나는 중국에 대해 나름
많은 것을 배우고 느낄 수 있었고 중국유학에 대한
확신을 갖게 되다.

가족과 함께 형 상훈이의 유학 갈 학교 탐방 여행

결정은 아들이 해라!

유학을 보내고 1학기 중에 아이를 보러 갔었습니다. 엄마가 보러 온다고 하니, 상훈이는 도착시간 1시간 전부터 공항에 나와 언제 도착하냐고 연락을 했습니다. 상훈이와 같이 항주에서 공연을 보면서 공연에 대한 느낌을 적극적으로 이야기하기도 하였습니다. 생각해보니 아들의 변한 모습인데 정작 그때는 알아채지 못했습니다. 항주의 시장도 함께 다녔습니다. 상훈이는 아직 혼자 사는 것이 익숙지 않아, 잠깐이지만 상훈이 방에 갔더니 양말과 속옷을 빨지 않아 얼마나 냄새가 나든지... 엄마로서 마음이 좋지 않았습니다.

유학이 힘들지 않냐고 물었더니, 괜찮다고 말하면서 가장 힘든 것은 스스로 모든 것을 결정해야 하는 것이라 하였습니다. 그런데 1학기를 지나고 방학 때, 다른 친구들은 한국에 들어오는데 일부러 상훈이에게 한국에 들어오지 말라고 했습니다. 제 생각에는 유학 첫 학기 방학에 한국에 들어오면 왠지 많이 흔들리지 않을까 걱정이 되어 한국에 들어오는 것을 반대했습니다. 그래서 아들에게 "상훈아 엄마 생각인데, 방학 때 중국에 있으면 어떨까?"라고 말했더니, "미워!!!!"하면서 전화를 끊었습니다. 상훈이도 처음에는 많이 서운했다고 합니다. 엄마는 "방학이 끝나고 다음날 바로 시험인데, 다른 친구들처럼 방학 때 나와 공부하는 것보다 중국에서 있으면서 공부를 하는 것이 좋을 것 같다."라고 말해 주었습니다. 다음날 상훈이는 엄마의 말씀대로 하겠다고 답변을 주었습니다. 참 나스스로도 모질다는 생각이 들었습니다.

나중에 상훈이 이야기를 들어보니 엄마가 방학 때 중국에 있으라고 말했을 때, 정말 엄마지만 욕할 뻔 했다고 합니다. 그러나 나중에 생각해보니 엄마 말이 맞는 것 같아 수긍을 했다고 하였습니다. 결국 방학 때도 중국 기숙학원에 살면서 중국어가 크게 향상 되었습니다. 그리고 유학생활에 점점 적응해 상해로 학교를 옮겨야 한다고 스스로 판단하기도 했습니다. 상해에 있는 학교로 가야 중국의 유명한 대학교를 갈 수 있다고 스스로 생각한 것입니다.

상훈이는 중국 생활을 하면서 장학생으로 뽑혀 장학금을 받기도 하고 상품으로 노트북을 받기도 했습니다. 이러한 형의 모습을 보면서 원래는 유학을 생각하지 않았던 동생 상현이가 형을 따라 중학교를 졸업하고 유학을 갔습니다. 우리 부부는 상현이가 중국을 거쳐 미국으로 유학을 가면 좋겠다고 생각했는데 다행스럽게도 형과 동생 모두 중국 유학 생활을 하면서 스스로 미국 유학을 꿈꾸었습니다.

나는 아이의 성장을 세월에 입혀서 함께 자란 엄마입니다.

생각을 바꾸고, 아이를 기다리고, 방법을 바꾸면, 같은 곳을 바라보며, 서로 의지하며, 아이와 함께 걸어갈 수 있습니다. 그럼 세상이 주신 최고의 선물을 진하게 느끼면서 행복한 인생을 살아갈 수 있다고 생각합니다.

상훈이의 생각

항저우 생활

방학 전에 반 친구들끼리 밥을 먹고 있었는데 갑자기 전화가 왔다. 방학에 한국에 오지 말고 중국에 있으라고... 한국에 갈 생각에 신나고 기대하고 있었는데 그것들이 물거품이 된 것이다. 어떻게든 한국으로 가려고 했지만 결국엔 방학을 중국에서 보내기로 했다. 혼자 중국에서 지내는 것은 너무 힘들었지만 이 시기에 나의 중국어 실력이 많이 늘었던 것 같다.(혼자 중국 사람들과 생활 했어야 했기 때문에) 하지만 나중에는 몇몇 한국친구들과 지내며 외로움을 조금은 달랠 수 있었다.

이 기간에 좋은 경험을 많이 하긴 했지만 다시 중국에서 혼자 공부하며 방학을 보내라고 한다면 할 수 없을 것 같다.

상해가족여행

방학에 있었던 큰 변화 중 하나는 학교를 옮긴 것이었다. 상해는 원래 내가 살던 지역보다 훨씬 크고 발전된 도시였다. 상해에서 집중적으로 입시 공부와 HSK 공부를 시작했다. 주말이나 쉬는 날에 상해에서 유명한 관광지를 가보기도 하고 로컬 음식점도 가보면서 새로운 경험을 했다.

중국 유학생활

중국에 있는 대학교를 목표로 공부하고 있었지만 좋은 기회가 생겨서 미국에 가게 되었다. 코로나 바이러스 때문에 많은 미국인들과 어울리지는 못했지만 영어로 수업하고 한국, 중국에서는 경험해보지 못한 많은 활동을 할 수 있어서 좋았다.

상훈이의 중국 유학 중 방문한 엄마

중국 유학 중 상훈이의 인턴 시절

상훈이가 유학간 학교의 한국 학생들

에필로그_사고의 변환

코로나19 상황임에도 불구하고 아들 윤상훈은 미국으로 유학을 가기로 결정하였습니다. 물론 가족회의에 안건을 상정하였고 아버지는 반대를 하였습니다. 그러나 아들은 강하게 자신의 의사를 피력하였습니다. 무슨 자신감이었을까? 입시를 1년 반 앞두고 새로운 도전을 선택하다니... 결국 아버지를 투자자님이라고 부르며 유학을 결정했고 가족회의를 마쳤습니다.

더욱 놀라운 것은 상훈이가 공부할 미국 학교를 한국 학생이 4명밖에 없는 학교로 선정한 것이었습니다. 학업, 클럽활동

그리고 입시를 동시에 준비해야 하는 힘든 상황임에도 불구하고 군이 한국 학생이 거의 없는 학교를 선택한 아들이 대견스러우면서도 걱정이 되었습니다. 아들은 그런 부모의 우려에도 긍정적으로 괜찮다고 잘 할 수 있다고 말하며 오히려 부모를 걱정하였습니다. 그래도 외국에서 고생할 아들이 걱정되는 것은 어쩔 수가 없었습니다.

상훈이는 또 다른 자신을 확인할 수 있는 기회라고 생각하며 미국 생활을 시작했습니다. "엄마 내가 이렇게 승부욕이 강한 사람인지 몰랐어~." 어떻게든 선생님들과 친해지고 학생들과 잘 어울리려고 적극적으로 노력하는 자신의 모습을 새삼 발견한 것이었습니다. 무엇이 자신을 그렇게 만들었는지는 모르겠다고 합니다. 엄마의 입장에서 볼 때 확실한 동기부여가 있었고 목표가 더 구체적으로 확실해졌던 것 같습니다. 또한 시간이 별로 없지만 잘하고 싶은 마음이 상훈이를 그렇게 만들었는지 모르겠습니다.

그렇게 진취적으로 생활한 결과 학기별 우수학생으로 표창을 받기도 하고, 낯설고 영어가 서툰 상황임에도 불구하고 미국사 수업을 들으면서 담당 선생님과 베프가 되기도 했습니다. 아마

수강하는 학생이 적어 담당선생님과 소통할 기회가 더 많았던 것
도 한 몫 했던 것 같습니다. 성적은 드라마틱하게 향상했습니다.
심지어 수학점수는 95점대로 올라갔고 주에서 실시하는 수학 대
회에서 팀 우승을 하기도 했습니다. 또한 산곡초 방송부 출신이
라며 중국어로 방송을 하기도 하고, 코로나 상황에서 온라인과
대면수업을 겸하며 1년의 학창시절을 잘 보냈던 것 같습니다.

작년 여름, 다시 만난 우리 가족은 폭풍 성장했지만 반쪽이
되어 온 상훈이를 보며 깜짝 놀람과 동시에 마음이 아팠습니다.
동생 상현이에 의하면 상훈이는 우리가 보내준 월 20만원 용돈을
벌벌 떨며 모으고 또 모아서 꼭 쓸 데만 쓰고 아꼈다고 합니다.
엄마보다도 경제 개념이 있는 아들인 것 같습니다. 멋지고 대견했
지만, 그렇게 아껴 쓰다보니 반쪽이 된 아들의 모습에 마음이
아팠습니다.

한국 생활 2개월 동안 옆에서 지켜본 상훈이는 어느 덧 훌쩍
자란 것 같았습니다. 육체적으로도 정신적으로도 말입니다. 한국
생활에서도 바쁘게 인턴생활을 하고, SAT 시험을 준비하고,
봉사활동을 하였습니다. 그렇게 입시를 준비하여 현재는 대학

입시 발표를 앞두고 있습니다.

　과정은 후회없이 최선을 다하고 결과에 대해서는 있는 그대로 겸허하게 받아드리자고 어릴적부터 말하는 엄마의 마음을 그대로 따라주는 아들이 대견하기도 했지만 한편으로는 마음이 아팠습니다. 결과로 평가받고, 결과로 진로의 큰 변화가 있는 내 직업의 특성상 멘탈 관리를 위해 과정은 최선을 다하고 결과에 대한 후회나 힘겨움은 오래 가지지 않으려고 다짐해왔습니다. 그것을 아들이 성장하면서 그대로 지켜보며 따라하였던 것 같습니다.

　직업을 가진 엄마로서, 혹은 전업주부인 엄마에게도 육아는 많은 어려움과 힘듦이 있다는 사실은 굳이 이야기를 하지 않아도 다들 아실 것입니다. 또한 제가 특별히 육아를 하면서 잘 한 것이 있다고 생각하지도 않습니다. 그럼에도 불구하고 이 책을 통해 제가 한 육아 교육의 삶에 대해 나누고 싶은 것이 있다면 아이와의 소통 방법과 공유입니다. 아이를 하나의 인격체로 보면서 항상 아이의 말에 귀기울여야 한다는 것은 모두가 아는 사실이지만, 쉽지 않습니다. 또한 아이에게 엄마, 아빠도 못하는 것은 못한다고 이야기하는 부분이 참 어려운 부분이라고 생각합니다. 제가

의원을 하면서 제게 민원을 주시는 많은 분들이 있습니다. 그분들에게는 제가 아는 방식과 단어를 설명하면 십중팔구 못 알아들으십니다. 그분들의 방식과 그분들이 아는 단어로 설명을 해야 알아들으십니다. 마찬가지로 저는 아이들도 하나의 민원인이라고 생각합니다. 아이와 소통을 하면서 가장 중요한 것은 아이가 이해할 수 있는 말로, 아이가 이해할 수 있는 방식으로 설명하고 소통하는 것이라고 생각합니다.

이런 방식은 제가 생각하고 고안해낸 이야기가 아니라 우리가 잘 알고 있는 어린왕자에 나오는 이야기입니다. 여우와 어린왕자의 대화, 장미꽃과 어린왕자의 대화를 통해 익숙하게 알고 있는 내용입니다. 다만 상황에 따라 그렇게 하고, 하지 못함의 차이라고 생각합니다. 그래서 이 책의 제목을 <엄마 길들이기>로 정했습니다. 길들이기란 단어는 상대방을 자신에게 맞추는 듯한 의미가 강하지만, 상대방을 자신에게 끌어들이기 위해서는 상대방에게 자신을 맞추는 것을 먼저 해야한다고 생각합니다. 저도 정말 조금씩 제가 할 수 있을 만큼만 실행에 옮겼던 것입니다.

모든 엄마들과 모든 아빠들이 아이들과의 원활한 소통으로 행복한 가정을 이루기를 소원합니다.